h.
240.

Prise de Constantine.

Paris. — Imprimerie de Béthune et Plon.

TABLEAU GÉNÉRAL

DE

toutes les opérations militaires

DE

L'ARMÉE FRANÇAISE

EN AFRIQUE,

CONTENANT

Les détails les plus circonstanciés sur les événements
qui ont eu lieu à Constantine,
ce qui s'est passé au siége et à la prise de la ville,
intrépidité sans exemple des Soldats Français
et de S. A. R. le duc de Nemours au moment de monter à l'assaut.
Mort du général de Damrémont et du colonel Combes.
Précédé d'une Notice historique de la ville de Constantine.

PARIS.

CHEZ L'ÉDITEUR,

RUE DU VIEUX COLOMBIER, 5, PRÈS L'ÉGLISE ST-SULPICE.

1837.

CONSTANTINE,

DEPUIS SA FONDATION

Jusqu'à sa Conquête

PAR L'ARMÉE FRANÇAISE.

La région où l'armée française vient de se couvrir de gloire, et que Constantine domine de son admirable position, est célèbre à plus d'un titre. C'est une partie de l'ancienne *Numidie* qui joue un si grand rôle dans l'histoire de Rome et de Carthage. Les traditions les plus anciennes nous montrent sa population divisée, comme aujourd'hui, en tribus nombreuses, reconnaissant faiblement l'autorité de leurs chefs, mais se réunissant toujours pour combattre l'ennemi commun sous l'autorité du plus puissant d'entre eux. Telle a été et telle sera toujours l'histoire des populations nomades.

C'est seulement à dater de la fin du IIIe siècle, avant Jésus-Christ, que l'histoire de ces contrées commence à nous être connue et à offrir quelque intérêt. La Numidie obéissait alors à deux rois : Syphax qui commandait aux Numides occidentaux ou Massæsyles, et Masinissa qui régnait sur les Numides orientaux ou Massyles, dont le pays forme actuellement la province de Constantine, et était par conséquent voisin de Carthage.

Après la guerre de Sagonte, Syphax accepta l'alliance de Scipion, et donna de vives inquiétudes à la rivale de Rome. Mais les Carthaginois, de leur côté, traitèrent avec Géla leur voisin, à l'instigation de son fils Masinissa, jeune homme de 17 ans, dont le courage et la force singulière étaient bien connus à Carthage, où il avait été élevé. Afin de resserrer les liens du traité, ils le fiancèrent avec Sophonisbe, fille d'Asdrubal Giscon, la plus belle femme de toute l'Afrique. En même temps, ils le placèrent à la tête de leur armée. Masinissa se hâta de prévenir les desseins de Syphax, l'attaqua dans ses propres états, remporta sur lui une victoire sanglante, et le contraignit à s'enfuir en Mauritanie, où il le poursuivit, et acheva de le défaire; après quoi il ramena ses troupes en Espagne à l'armée d'Asdrubal. Durant son absence, Syphax rentre dans ses états, et se rend bientôt si redoutable aux Carthaginois, que ceux-ci, pour se l'attacher, lui donnent en mariage cette même Sophonisbe, la fiancée de Masinissa. Outré de cette inique perfidie, séduit d'ailleurs par la générosité avec laquelle le jeune Scipion lui avait rendu son neveu Massiva, fait prisonnier, Masinissa se jette dans le parti des Romains, accepte l'alliance qui lui est proposée, et repasse en Afrique, où il trouve le trône que lui a laissé son père, occupé par un usurpateur, Mézétul, prince numide de la race royale. Celui-ci, afin de se maintenir, se ligue avec Syphax et les Carthaginois. Mais Masinissa se retire près de Bocchar, roi de Mauritanie, qui lui donne quelques troupes qu'il congédie bientôt; 500 cavaliers, anciens serviteurs de son père, étant venus le rejoindre. C'est avec cette faible troupe qu'il commença la conquête de ses états, et bientôt toute la nation Massylienne lui obéissait de nouveau. Toutefois, ce fut pour peu de temps. Les propositions de paix qu'il avait faites à ses ennemis, et entre autres à Syphax, furent rejetées à l'instigation d'Asdrubal, et la guerre recommença. Cette fois elle fut loin d'être aussi heureuse que la première.

Syphax l'attaqua, le battit à diverses reprises, et le força à se cacher dans les plus obscures retraites. Enfin la fortune changea. Scipion étant arrivé en Afrique, Masinissa alla le rejoindre avec quelques troupes, l'aida à battre Syphax, l'an 203 avant Jésus-Christ, s'empara de Cirtha, sa capitale, et pour soustraire Sophonisbe aux humiliations qui l'attendaient, l'épousa solennellement. Mais Scipion exigea l'annulation de ce mariage, et Masinissa envoya une coupe de poison à son épouse. Telle fut la fin de cette femme, dont l'existence respire un intérêt si touchant.

Masinissa n'en servit pas moins fidèlement la république, et se distingua tellement à Zama, que le peuple romain, pour le récompenser, lui donna toute la Numidie. Il s'appliqua alors à étendre la civilisation dans son empire, et à consolider son autorité. Il avait quatre-vingt-dix ans quand, sur un léger prétexte, il déclara la guerre à Carthage, et remporta sur les généraux de cette république deux grandes victoires. Il mourut peu de temps après, dans les bras du jeune Scipion-Emilien, laissant cinquante-quatre fils, dont trois seulement étaient issus de mariages légitimes, et lui succédèrent. Micipsa, l'un d'eux, se vit bientôt unique maître de la couronne, la maladie ayant emporté Gulussa et Ménastabal, ses deux frères. Micipsa régna trente ans (jusqu'à 122 avant Jésus-Christ), et fut père d'Adherbal et d'Hiempsal. Il fit élever dans son palais, avec la même distinction que ses propres enfants, Jugurtha, fils de son frère Ménastabal.

Dès sa première jeunesse, ce jeune homme se fit remarquer par sa force, sa beauté, et surtout par l'énergie de son caractère. Loin de se laisser corrompre par le luxe et la mollesse, il s'adonnait à tous les exercices en usage dans son pays. Il était chéri des Numides, et s'était attiré l'estime des Romains dans ses rapports avec eux. Cependant, de tristes pensées occupaient Micipsa quand il songeait à la violence de ce prince et à la jeunesse de ses fils : les pressentiments du roi Numide n'étaient que trop fondés. Après sa mort, Jugurtha fit assassiner Hiempsal, immola Adherbal, après l'avoir bloqué dans Cirtha, et demeura seul maître du trône. Les Romains, alliés d'Adherbal, envoyèrent une armée contre l'usurpateur, qui parvint à conjurer l'orage en corrompant le consul Calpurnius Bestia et plusieurs sénateurs. Indignés de la conduite de ce prince qui avait osé se défaire par un assassinat du jeune Massiva dont les droits à la couronne l'inquiétaient, les Romains le chassèrent ignominieusement de Rome. Il jura de se venger; mais auparavant la guerre lui fut déclarée. Il obtint d'abord quelques succès contre trois généraux, puis il fut battu par Metellus et Marius; et, après une guerre de cinq ans, livré par Bocchus, roi de Mauritanie, son beau-père et son allié, mené en triomphe à Rome et jeté dans une prison où il mourut à l'âge de cinquante-quatre ans. (105 ans avant J.-C.)

L'ancienne Massylie fut donnée à Hiempsal II, fils de Gulussa, dont le successeur fut Juba Ier, qui suivit le parti de Pompée dans les guerres civiles. César le battit à la bataille de Thapsa, et réunit son royaume à l'empire. Il donna beaucoup de soin à l'éducation de son fils Juba II, pour lequel Auguste forma un nouveau royaume composé des deux Mauritanies et de la Gétulie (30 ans avant Jésus-Christ). Ce prince, aussi doux qu'instruit, se fit chérir de ses sujets. Il eut pour successeur son fils Ptolémée, qui fut le dernier des rois Numides; puis le pays fut déclaré province de l'empire, sous le nom de *Numidia*.

Pendant trois siècles les Romains l'embellirent de tous les prestiges des arts; et son degré de prospérité et de splendeur fut tel que sous Tibère, il était défendu d'y exiler, parce que, dit le décret rendu à cette occasion : *en quittant Rome on retrouverait Rome*. Et il n'y a rien d'exagéré dans ces paroles, car tout est encore là, brisé, abattu, ravagé par la main des barbares et celle du temps, mais offrant encore des restes dont les masses et la beauté frappent d'admiration. Il y a trois fois autant de cités ruinées que les historiens mentionnent de villes. On ne fait, pour ainsi dire, pas deux lieues sans en voir, et à chaque pas on foule aux pieds des monceaux de marbres, de briques, de pierres, des débris de temples et de constructions de toute espèce. Les ruines d'*Hippo Régius*, la patrie de saint Augustin, celles de Ruzasus, Saldæ, Igilgili, Colla, Rusicada, Tacatua, s'étendent sur les rivages de la mer; tandis que dans l'intérieur on remarque celle de Tipasa, Sava Municipium, Horrea, Gemella, Milevum, Sitifi, Diana, Tadutti, Lambesa, Tibilis, avec des eaux célèbres, Calama (au camp de Ghelma), Tipasa, Theveste, Naraggara, Zama-Regia, Bagais, Tubuna, etc. On serait tout-à-fait dans l'erreur si l'on croyait que ces villes étaient peu importantes. Les murs de Lambesa, qui existent encore, ont trois lieues de tour; on entrait dans cette ville par quarante portes ou arcs de triomphe, dans le genre de l'Arc-de-Triomphe de l'étoile et des portes Saint-Denis et Saint-Martin; quinze sont encore debout ainsi qu'une rue bordée de palais et d'autres édifices, la façade d'un temple d'Esculape et les murailles d'une vaste construction, dont les grandes portes ont quarante pieds de hauteur et trente de large. Theveste était encore une très-grande ville où l'on voit des portiques avec leur longue suite de colonnes de marbre, des palais et un vaste amphithéâtre de cent cinquante pas de diamètre.

Il fallut le même nombre de siècles pour dévorer toutes ces richesses que pour engloutir celles de l'empire romain.

C'est au commencement du ve siècle que les Barbares foulèrent pour la première fois ce sol embelli par plusieurs siècles de civilisation. Gensérik avec ses Vandales, en chassa les Romains; ses successeurs s'en virent dépouillés à leur tour par l'empire d'Orient; et bientôt après, l'Afrique fut envahie par les Arabes, qui semblaient devoir conquérir le monde. Ces nouveaux maîtres s'affaiblirent par leurs divisions ; plusieurs petits états se formèrent. Boudgéiah ou Bougie devint à deux reprises le siége de deux dynasties de rois, dont les derniers prolongèrent leur existence jusqu'au milieu du xvie siècle. Constantine avait cessé depuis long-temps de jouer un rôle ; enfin elle devint le siége d'un des gouvernemens du nouvel état qui s'était organisé à la suite de l'expulsion des Maures d'Espagne et des expéditions du fameux corsaire Aroudje, dit Barberousse (1520).

Une description rapide du pays trouve ici naturellement sa place.

La province de Constantine comprend toute la partie occidentale de l'Algérie, et s'étend entre les 31 et 37 degrés de latitude Nord. Son étendue peut être de 17,500 lieues carrées dans ses limites les plus reculées, car il n'y a pas la moitié de cette surface qui fasse partie du *Tell*, ainsi que disent les Arabes, c'est-à-dire de la région vraiment habitable, dont la largeur ici, à partir des rivages de la mer, est de 50 lieues. C'est un pays couvert de montagnes, et à mesure que l'on s'avance dans l'intérieur on gravit des plateaux de plus en plus élevés, qui modifient étrangement le climat. Ceci explique pourquoi, dans la première expédition, l'armée française ressentit un froid piquant, et fut exposée à une neige épaisse, dans une saison où l'on était fort loin de penser à pareille chose dans un pays aussi méridional. La végétation, qui indique si bien la nature habituelle de l'atmosphère, n'est nullement en défaut ici, car les palmiers n'y viennent point, et il faut dépasser les dernières montagnes, entrer assez avant dans les solitudes sablonneuses, pour voir mûrir les fruits du dattier. La chaine de montagnes qui s'élève en arrière de Bougie, sur le bord de la mer, celle qui est placée au midi de Séthyf, disparaissent sous les neiges une grande partie de l'année. Du reste, le pays est en général fertile, mais les arbres y sont peu communs, excepté entre Bone et La Calle, où s'étendent de belles forêts de chênes, que les Anglais convoitent depuis long-temps.

Si le temps a fait disparaître les œuvres de l'homme, il reste toujours le sol fertile de l'antiquité, alors que la Numidie était le grenier de Rome. Les plaines du littoral et celles de l'intérieur donnent d'abondantes moissons de blés qui s'exportent par les ports de la côte avec la cire et le miel. Les habitants sédentaires cultivent des légumes d'une grosseur extraordinaire. Tous les fruits d'Europe y croissent en abondance, et le raisin surtout y est d'une admirable beauté; les nombreuses variétés d'oranges et de citrons, les amandes, les jujubes, les caroubes, les figues, les mûres rouges, les bananes, les noix, tous nos fruits à pépins et à noyaux remplissent les vergers. Les arbres les plus communs sont le pistachier, l'arbouzier, l'olivier; les lauriers roses, les grenadiers, les lentisques, le chêne-liège, le thuya, le cyprès, l'yeuse; les cactus, les nopales, l'agave, les cistes, les genets couvrent les lieux incultes. Quelques montagnes sont revêtues d'épaisses forêts de châtaigniers. On exploite dans le district de Bougie des minerais de fer, et le territoire de la tribu des Beni-Abou-Taleb possède des mines de plomb si abondantes, qu'elles donnent 80 p. 0₁0. La principale richesse des Arabes bédouins consiste dans leurs nombreux troupeaux. Le cheval, qui faisait anciennement la gloire de la Numidie, a singulièrement dégénéré.

Cette partie de la Barbarie abonde en bœufs sauvages; et les lieux reculés, les montagnes désertes, les sables brûlants servent de refuge à des lions, à des panthères, à des gazelles, à des léopards, à la terrible hyène, au chacal; mais il n'y a pas de tigres. Les Arabes disent que les femmes peuvent se familiariser sans danger avec le lion, et qu'en s'armant d'un bâton et lui parlant avec douceur, elles lui font perdre sa férocité en l'éloignant ainsi des troupeaux confiés à leur garde. Il paraît, toutefois, que le caractère féroce de cet animal ne se bonifie autant que lorsqu'il est repu; et qu'il arrive souvent qu'il dévore les femmes ainsi que les hommes lorsqu'il n'a pas d'autre pâture. Les forêts des environs de Coll sont peuplées de singes; et le caméléon se repose sur les buissons. Les serpents sont assez nombreux.

La population de la province de Constantine se compose, comme celle de toute la régence, de descendants des peuples indigènes ou *Kobayls*, appelés improprement *Kabyles*, et d'Arabes, habitant en partie les villes, ou disséminés en tribus errantes. Quoique les premiers aient un idiome particulier, la langue des Arabes sert aux uns et aux autres, de même que la religion mahométane leur est commune.

Les maisons des villes sont bâties comme toutes celles de l'Orient. C'est assez ordinairement un bâtiment d'un ou deux étages, avec galeries, où s'ouvrent les portes des chambres, et formant une cour carrée, quelquefois rafraîchie par un bassin ou une fontaine, et ornée d'arbres. Le Besbère ou Kobayl, habite une hutte de roseaux et de branchages, enduite de terre et de paille hachée, couverte en chaume. L'Arabe a sa tente en étoffe, fabriquée avec du poil de chameau et de chèvre.

Le citadin porte une large culotte froncée sur les hanches et qui descend sur les genoux, une ou plusieurs vestes, la plupart sans manches; une large ceinture où se placent la bourse, le poignard, l'écritoire; aux pieds, de véritables savattes; sur la tête une calotte, autour de laquelle se déroule un turban de toile, de soie ou de cachemire. Dans les mauvais temps on se couvre du *bényche*, sorte de gros manteau de marinier ou du *bernos*, autre manteau plus grand. Le Berbère n'a souvent qu'une simple tunique blanche et un *hayk* drapé autour du corps; l'Arabe porte le *hayk* et le *bernos*.

La nourriture est, comme on doit le penser, plus soignée à la ville; plus grossière dans la cabane et sous la tente; ici du mouton, de la volaille, du koskos ou semoule à gros grains; là des légumes, des pommes de terre, des piments, des tomates cuites sans beaucoup d'apprêt avec de l'huile.

où du beurre fondu, constituent avec des fruits, du miel, du lait, et un pain compacte mêlé de cumin, la nourriture du Berbère et de l'Arabe. Leurs boissons ordinaires sont l'eau et le vin de palmier.

L'orgueil, la cruauté, la perfidie, l'avarice, forment les traits les plus saillants du caractère de ces deux peuples. Le grossier habitant de la campagne a cependant quelques vertus, entre autres l'amour de la patrie et la piété filiale. Ces qualités sont effacées sous la corruption chez les habitants des villes, non moins cruels, mais plus lâches, aussi perfides, et croupissant en outre dans la plus honteuse débauche. Les mariages se font de bonne heure, à quatorze ou quinze ans pour les garçons, à dix ou douze, quelquefois moins, pour les filles. Les tombeaux sont l'objet d'une grande vénération de la part de tout le monde.

On ignore l'époque de la fondation de Constantine. Mais il est probable, d'après son nom romain *Cirtha*, qu'elle a été bâtie par les Phéniciens-Carthaginois, car en phénicien *Kertha*, dont *Cirtha* n'est qu'une forme plus douce, veut dire ville. Après la ruine de Zama-Regia par César, elle devint la résidence des rois Numides. C'est à la mère de Constantin qui la rebâtit, qu'elle doit le nom sous lequel nous la connaissons aujourd'hui.

Constantine est bâtie en amphithéâtre dans une position fort agréable.

Elle occupe le sommet d'un vaste rocher qui ne communique aux pays environnants que par un point où s'ouvrent trois portes du côté d'Alger ; les trois autres côtés sont environnés d'un ravin quelquefois de trois cents pieds, presque toujours très-étroit, et au fond duquel coule une rivière appelée Oued-el-Raml (*la rivière de Sable*). Elle est protégée dans tout son pourtour par des murailles antiques peu solides et sans terrassements, mais qui néanmoins sont d'une bonne défense par suite de l'immense fossé naturel qui règne à leurs pieds.

La partie de muraille où sont percées les trois portes, est de construction romaine, et a trente pieds de hauteur, mais elle n'est pas également défendue sur tous les points par un fossé. Entre ces portes, sont des batteries élevées, armées de quelques canons, pour battre les approches de la ville. En avant, il y a sur le contre-fort qui se lie au Coudiat-Aty, un faubourg peu étendu, habité par des artisans et des marchands. On y tient les marchés de certaines productions ; les autres denrées se vendent en ville. Au-delà du faubourg sont diverses habitations, une mosquée, des fondouks (auberges) et les vastes écuries du Bey. On y voit beaucoup de ruines antiques, des jardins entourés de haies ou de petits murs, beaucoup de tombeaux, et quelques santons.

Un beau pont romain, large, et élevé sur trois rangs d'arches, traverse le ravin, et aboutit à la route de Bône. Vis-à-vis du pont, on a percé une porte, appelée Bâb-el-Kantarah (porte du pont); elle est défendue par six pièces de canon.

Le rocher sur lequel est assise Constantine étant incliné vers le Midi, il s'ensuit que la ville se présente en amphithéâtre. Dans la partie la plus élevée se trouve la Kasbâh ou citadelle, édifice antique qui sert de caserne, et qui était muni de huit pièces de canon. Dominant Constantine, elle couronne les rochers à pic qui entourent presque toute la place.

La rivière El-Raml, qui prend sa source à cinq jours de marche au Sud de la ville, est guéable dans toutes les saisons. Par les fortes pluies, elle a quatre pieds d'eau.

Constantine offre le même aspect que toutes les villes turques ou arabes : quelques petites places, et des rues si étroites, que c'est à peine si deux personnes peuvent y passer de front. La plupart cependant sont pavées. Les maisons sont basses, et sans fenêtres extérieures; mais assez bien bâties, et toutes couvertes en tuiles.

Les mosquées sont belles, et ornées de beaux marbres arrachés aux ruines des anciennes villes.

Il y a plusieurs casernes, de grands marchés, de vastes fondouks (auberges) et des magasins pour les impôts, lesquel étaient tous payés en nature.

Le palais du Bey, qu'habite en ce moment le duc de Nemours, est dans le centre de la ville ; il se compose de plusieurs grandes maisons communiquant ensemble.

L'eau de source manque dans Constantine, il n'y a que des citernes ; mais la riviére à laquelle on parvient par un chemin couvert, en-dehors et le long du rempart Bâb-el-Ouêd, fournit de l'eau aux habitants.

Dans les environs, il y a plusieurs fontaines abondantes.

La population de Constantine était de 25 à 30,000 individus, tant Juifs que Maures au moment du siége.

Du reste, la position de la ville n'était vraiment formidable qu'à l'époque où les machines de guerre étaient dans l'enfance, car comme elle est dominée de presque tous les côtés, il s'ensuit qu'aujourd'hui, malgré le courage persévérant de ses défenseurs, une artillerie bien servie comme la nôtre en vient à bout.

Il y a plus d'un an qu'une expédition française, commandée par le prince royal et par le maréchal Clausel, ayant à cœur de venger les injures faites à la France, se fraya courageusement un chemin jusques devant Constantine. Mais là, toute la fureur des frimats déchaînés attendait ces soldats héroïques, et au moment où ils allaient saisir leur proie, force leur fut de revenir sur leurs pas, et d'exécuter en bon ordre une des plus belles retraites des temps modernes. Jamais, entravés dans leur marche, ils ne laissèrent au pouvoir de l'ennemi que les malheureux traînards qui ne purent suivre leurs camarades. C'était une expédition funeste, quoique honorable encore pour la France ; mais ce qu'il y eut de plus douloureux pour le roi et pour la patrie, ce fut de voir, à la suite de cette expédition, deux braves officiers-généraux, qui s'étaient couverts cent fois de gloire, comparaître, l'un devant la chambre des députés dont il faisait partie, l'autre devant un conseil de guerre qu'il eût été digne de présider. Justice a été rendue à l'un et à l'autre, et ces funestes dissensions sont aujourd'hui oubliées.

Mais la retraite de Constantine ne l'était pas. Il y avait sous ces murs-là du sang français à venger.

Le 13 septembre, le gouverneur-général Damrémont fit une reconnaissance sur le Raz-el-Akba et jusqu'à l'Oued-Zénati en face du marabout de Sidi-Tem-Tem, où l'armée avait bivouaqué l'année précédente. Le but de cette reconnaissance était d'examiner le passage du Raz-el-Akba, l'état de la route, le nombre et l'abondance des cours d'eau qui se trouvent entre cette montagne et l'Oued-Zénati, et peut-être aussi de prouver à Achmet-Bey que l'armée n'était point, comme il le prétendait, retenue par des ordres supérieurs sur la rive gauche de la Seybouse.

Les résultats de cette course furent très satisfaisants. Le passage du Raz-el-Akba n'offrait aucune difficulté sérieuse; la route, construite par l'armée l'année dernière, fut trouvée en bon état. En adoucissant les pentes et en enlevant les pierres, on en fit un passage facile, même pour la grosse artillerie. Ces travaux furent terminés en quelques jours.

Entre le Raz-el-Akba et l'Oued-Zénati, on trouva un grand nombre de sources qui toutes pouvaient servir à désaltérer les hommes, et quelques-unes à abreuver une assez grande quantité de chevaux.

Le corps que le gouverneur avait amené avec lui, et qui se composait de 5 bataillons d'infanterie, 500 chevaux et 8 pièces de campagne et de montagne, trouva dans le petit ruisseau au bord duquel il bivouaqua, à Aïn-el-Draàm, de l'eau pour tous ses besoins. Il y en avait beaucoup encore dans l'Oued-Zénati.

Le pays entre le Raz-el-Akba et Constantine est entièrement dépourvu de bois; et dans l'expédition précédente, l'armée avait eu beaucoup à souffrir de l'impossibilité de faire du feu. Le gouverneur-général ordonna que chaque soldat prendrait sur son sac quelques morceaux de bois, afin de pouvoir faire la soupe. Il fut reconnu que ces petits fagots, étant ménagés, pouvaient servir pour trois bivouacs.

De Merdjez-el-Hammar à Sidi-Tem-Tem, il y a huit lieues ; de Sidi-Tem-Tem à Constantine, il n'y en a plus que douze à treize.

La cavalerie des Cheiks se présenta sur les hauteurs qui dominent la route au-delà du Raz-el-Akba; elle fit mine de vouloir nous disputer le passage; mais elle fut rapidement chassée de colline en colline et finit par disparaître. Elle reparut le lendemain matin, cherchant à inquiéter notre marche rétrograde; mais ce fut avec aussi peu de succès ; le 3e régiment de chasseurs et les spahis, ayant trouvé une occasion de charger, s'élancèrent sur elle et la poursuivirent l'épée dans les reins, de manière à l'empêcher de revenir.

On trouva sur un cavalier mort, qui était fort bien vêtu et porteur de très belles armes, des lettres qui firent croire que ce cavalier était Scherif Ben-Hamlaouï, frère de l'agha Erd-Jem, scheik des Araksas, qui fut également tué dans ce combat. Nous eûmes trois hommes blessés.

Le bey-Achmet avait pensé que le but de cette reconnaissance était d'aller à Constantine. Étant rentrés, il pensa que nous n'avions pas osé pousser jusques-là, effrayés de quelques tirailleurs venus du camp de Lorge.

Il vint en personne attaquer le camp de Merdjez-el-Hammar. Le 23, il se présenta avec quelques tirailleurs turcs sur le camp des zouaves, qui se trouvait de l'autre côté de la Seybouse. Ses troupes augmentèrent bientôt, les zouaves voulurent les repousser, et nous eûmes un engagement à la baïonnette. Le bey en personne, entouré de sa musique et de ses drapeaux, semblait nous défier. Deux fois un de ses drapeaux fut renversé; nous eûmes 9 hommes tués et 29 blessés. Les Arabes perdirent près de 120 hommes. Le gouverneur-général, venu de Bone au-devant du prince, partit le 25 pour le camp de Medjez-el-Hammar. Le prince partit le lendemain.

Les spahis et les Turcs étaient sortis avant nous, pensant surprendre Asnaligationi ou le serpent du désert, partisan d'Achmet-Bey, et dont nos tribus ont depuis quelque temps à souffrir les brigandages; mais il était probablement avec Achmet-Bey, car on ne put le surprendre.

Le 14 septembre, à midi, 1200 Turs étaient débarqués à Tripoli de Barbarie. Ils étaient destinés pour Constantine. Un autre débarquement avait déjà eu lieu à Tunis. C'était l'escadre du Capitan-Pacha qui était destinée pour ce port, mais il ne devait l'accoster qu'après que les événements le lui auraient permis. Le Capitan-Pacha était en Albanie; la division Lalande lui faisait la chasse et cherchait à le bloquer dans ces parages.

On disait dans l'armée française que les remparts de Constantine étaient défendus par 63 pièces et qu'il y en avait dans la place quantité d'autres, dont on ne pouvait se servir faute d'affûts. On ajoutait que la place serait défendue par 4,000 anciens janissaires du bey d'Alger. Une autre fois c'étaient 5,000 Turcs venus, on ne savait par quelle voie, qui étaient accourus au secours du bey. Tout cela paraissait très vague.

Un sergent-major du premier régiment du génie avait passé à l'ennemi. Ce jeune homme, qui appartient à une famille honorable, et qui est instruit et intelligent, était, il y a un an, fort mal noté dans son régiment; et il lui était devenu difficile de passer officier. Deux mois après la première expédition de Constantine, il se trouvait sous le coup d'un délit que les lois militaires punissent avec une juste sévérité : il avait dissipé les fonds qui lui étaient confiés. Il s'enfuit, dans la nuit, de Bougie et se réfugia parmi les Kobayls. Ces Arabes pensèrent qu'ils pourraient tirer profit de cette circonstance, et proposèrent au commandant de Bougie de lui livrer ce misérable moyennant la somme de 3,000 fr. Le commandant, après avoir consulté le gouvernement, leur fit offrir 150 fr., qu'ils refusèrent.

Depuis, Achmet a engagé ce sergent-major, sur lequel il compte pour la défense de Constantine.

Le 23 septembre, un conseil fut tenu pour aviser aux mesures à prendre et déterminer le jour où l'expédition devrait se mettre en marche. Après de longues discussions, l'avis du général Damrémont l'emporta, et on résolut d'attendre les renforts qui devaient être envoyés de France. Cette résolution fut justifiée par une lettre interceptée sur un Kobayl qui s'était chargé de la remettre à un habitant de Bone. Peut-être cette lettre avait-elle été écrite dans le but de nous effrayer par l'exagération des difficultés qui nous attendaient devant Constantine. En voici la traduction :

« Au camp de l'aga de l'hadji Hamet-Bey.

» Dieu est grand et Mahomed est son prophète. Gloire à Dieu ! *Eusébich*, ce qui veut dire beau-frère. Avec l'aide et la protection d'Abdéraman, notre prophète (secte morouzalie), j'ai rejoint notre camp et repris mes travaux. Que Dieu nous protége et nous permette de nous voir bientôt, c'est ce que j'espérais, mais je me suis trompé. Sidi-Hamet ne veut plus la paix, il est assez fort, dit-il, pour battre les Français, puisqu'il parle de les châtier ; je me tais sur mon pressentiment ; Dieu veuille que la présente te parvienne ! les Arabes nos frères n'ont pas peur, car nous sommes forts.

» Constantine est une pierre au milieu d'un ruisseau, et d'après l'avis des prophètes chefs de nos sectes et de leurs marabouts, il faut autant de Français pour enlever cette pierre, qu'il faudrait de fourmis pour enlever *un œuf dans un pot de lait*. Il y a des fossés qui entourent Constantine qui sont larges et très profonds, et il n'y a maintenant qu'une porte d'accessible, *je ne te dirai pas laquelle*.

» Le camp de l'Aga se compose de 8,000 cavaliers et 4,000 fantassins, et 33 pièces de canon. Celui du bey de 16,000 hommes, dont 5,000 cavaliers et 22 pièces. Celui des kobayls de 13,000 hommes, tous fantassins, et 22 pièces de canon ; le premier camp est à quatre lieues du mitre, et se compose des Arabes des tribus le plus guerrières ; le second est à douze lieues du premier, et se compose de Coulouglis arabes et déserteurs ; le troisième à 13 lieues du premier, c'est tout des kobayls de Grojery, Bougie, le Coll, Stora, etc.

» A une lieue du camp des Kobayls se trouve le fort de la Victoire, défendu par 18 canons et 500 Turcs ; la porte de la ville, seule accessible, est défendue par un fortin de 18 canons. Les remparts sont défendus par 63 pièces ; il y a dans Constantine quantité de pièces qui ne peuvent servir faute d'affûts. La ville sera défendue par les Turcs, forts de 4,000 hommes, tous anciens janissaires du *Bey* d'Alger et *autres*. Avec tout cela, mon *Eusébich*, tu vois que tu n'es pas près de venir me voir avec *Bousuac* ton ami. Est-ce que tu es encore Français et que tu as peur ? Viens, le Bey t'aimera beaucoup, toi qui sais tant parler de tant de choses jolies ; il ne te fera jamais rien, sois-en sûr. *Men en sibilloner taba chokqq,* expression kobayle : *Nous mourons ensemble, s'il le faut.* Adieu, aime ton fils, aime ta femme, respecte mon père, protége ma mère et reçois mes salutations. *Vivons et mourons amis.* » MAHMOUD-BEY MOHAMED HUSSEYN-PACHA. »

Un ordre du jour organisa ainsi l'armée expéditionnaire :

Le lieutenant-général, comte Damrémont, gouverneur-général, commandant en chef.

Le maréchal de camp Perregaux, chef d'état-major général,

État-major et artillerie. — Le lieutenant-général comte Valée, commandant en chef l'artillerie.

Le maréchal de camp Caraman, commandant en second.

Le colonel Tournemine, chef d'état-major.

Le chef d'escadron Gellibert, directeur du parc.

État-major du génie. — Le lieutenant-général baron Rohaut de Fleury, commandant en chef le génie.

Le maréchal de camp Lamy, commandant en second.

Le lieutenant-colonel Guillemin, chef d'état-major.

Le chef de bataillon Villeneuve, directeur du parc.

Administration. — M. Darnaud, faisant fonctions d'intendant en chef.

M. Guyon, chirurgien principal.

Troupes. — Première brigade. — Le duc de Nemours, maréchal de camp.

Lieutenant-colonel Lamoricière. — Zouaves, 1 bataillon; 2e léger, 1 bataillon.

Colonel Corbin. — 17e léger, deux bataillons; deux escadrons de spahis réguliers.

Colonel Laneau. — 3e régiment de chasseurs, six escadrons, deux obusiers de montagne, deux pièces de campagne.

Deuxième brigade. — Le maréchal de camp Trézel.

Colonel Duvivier. — Spahis irréguliers, détachement du bataillon turc.

Commandant Paté. — Compagnie franche, tirailleurs d'Afrique.

Colonel Bernelle. — 11e de ligne, 23e de ligne, deux obusiers de montagne, deux pièces de campagne.

Troisième brigade. — Le maréchal de camp Rulhières.

3e bataillon léger d'Afrique (1 bataillon), 12e de ligne (2 bataillons), légion étrangère (1 bataillon), deux escadrons de spahis réguliers, deux escadrons du 1er de chasseurs, quatre obusiers de montagne.

Quatrième brigade. — Le maréchal de camp Bro, en son absence le colonel Combe, du 47e de ligne, 26e de ligne (2 bataillons), 47e de ligne (2 bataillons), deux obusiers de montagne, deux pièces de campagne.

— 22 —

Artillerie. — Une batterie de campagne, une batterie de montagne; quatre batteries de siége, dont une de 24, une de 16, une de mortiers.

Génie. — 10 compagnies de génie et un parc, 5 compagnies du train des équipages.

Tout cela formait l'effectif suivant :

Infanterie légère et de ligne.

1 bataillon de zouaves.	500 h.
1 id. du 2ᵉ léger.	600
2 id. du 17ᵉ id.	1,200
Détachement du bataillon turc.	100
Compagnie franche.	120
Tirailleurs d'Afrique.	500
1 bataillon du 11ᵉ de ligne.	500
2 id. du 23ᵉ id.	1,200
3ᵉ bataillon d'Afrique.	800
2 bataillons du 12ᵉ de ligne.	1,600
1 id. de la légion étrangère.	800
2 id. du 26ᵉ de ligne.	1,600
2 id. du 47ᵉ id.	1,200
Total de l'infanterie.	10,720 h.

Cavalerie régulière et irrégulière.

6 escadrons du 3ᵉ chasseurs d'Afrique.	800 h.
2 id. du 1ᵉʳ id.	250
4 id. de saphis réguliers.	400
2 id. de saphis irréguliers.	150
Total de la cavalerie.	1,600 h.

Artillerie.

6 batteries.	800 h.

Génie.

10 compagnies.	1,000

Total général, 14,128 hommes, 2,500 chevaux, 48 pièces

d'artillerie, sans compter les hommes employés aux convois, le train des équipages, les ambulances, etc.

Nous ne ferons pas entrer dans ce calcul les soldats retenus dans les hôpitaux et les ambulances, et ceux qui étaient chargés de la défense des camps.

En ce moment, il y avait au moins 20,000 hommes dans la province de Constantine.

L'armée partit de Bone le 30 septembre sur trois colonnes. Le temps s'était mis au beau ; l'armée ne rencontra pas d'obstacles. Nos éclaireurs refoulèrent des partis arabes qui étaient disséminés et envoyés pour suivre nos mouvements. Il n'y eut pas d'attaque sérieuse.

Nous franchîmes le passage dit *le Col de Fer*. Ce serait une position inexpugnable si elle était bien défendue, mais on n'y opposa que peu de résistance. Nos soldats l'abordèrent avec résolution. L'ennemi se retira après avoir échangé quelques centaines de coups de fusil, et nous nous y maintînmes. Nous n'étions plus qu'à deux petites journées de la ville.

Le général laissa une garnison suffisante dans les camps pour les mettre à l'abri d'une attaque à l'improviste.

L'expédition se dirigeait vers le passage de Raz-el-Agha, où l'on avait fait déjà une reconnaissance. Toute l'armée fut réunie sur ce point le soir, et elle y passa la nuit. On n'avait rencontré aucun parti d'Arabes.

Le 1ᵉʳ octobre, les trois premières brigades de l'armée passèrent la Seybouse avec M. le duc de Nemours et le général Damrémont, une partie de l'artillerie et du convoi d'administration. Le temps était beau. Le reste partit le lendemain avec la quatrième brigade.

Le même jour Achmet quitta la position qu'il avait prise après l'attaque du 23 sur le camp de Merdjez-el-Hammar ; beaucoup de kobayls l'avaient abandonné après cette affaire, dans laquelle ils avaient perdu beaucoup de monde ; il était campé à trois lieues de Constantine, d'où il annonçait qu'il nous attendait pour nous livrer bataille sous les murs de sa belle ville.

Voici la copie d'une lettre qu'il fit répandre parmi les tribus de Stora, pour les engager à prendre part à la guerre sainte :

« Les Français occupent Bone depuis cinq années, où nous les avons tolérés. Ils avaient nommé un bey, l'infidèle Youssouf, qui se disait musulman; tout le temps qu'il a commandé aux environs de cette ville, il n'a commis que des horreurs. Il s'est baigné dans le sang de nos frères, il a coupé leurs têtes, il les a dépouillés de tout ce qu'ils avaient pour enrichir les Français sans doute, puisqu'ils toléraient ses actes sanguinaires. Cet ennemi de Dieu est venu l'an dernier à Stah-el-Mansoura, pour ruiner, pour saccager notre belle ville. Je l'ai forcé à se retirer, comme vous le savez.

« Ces jours derniers les Français voulaient faire la paix avec nous, je la désirais autant qu'eux pour le bien du pays, pour le bien de tous, mais les conditions qu'ils voulaient nous imposer étaient trop dures, trop affligeantes pour de vrais croyants pour pouvoir être acceptées, comme vous le verrez vous-mêmes; ils demandent à établir une garnison de 3 à 4,000 hommes à la Kasbah, à construire un fort à Stah-el-Mansoura, un à Coudiat-Ati, la redevance annuelle que je payais au pacha d'Alger, bien entendu le paiement des sept années aussi depuis qu'ils occupent Alger, enfin la remise de cinq cent jeunes filles à leur choix. Mes enfans, si vous consentez à ces conditions, qui me font frémir et me révoltent, dites-le-moi : Alors je monterai à cheval avec mon fils et ma fille, un devant et un derrière, et je m'enterrerai dans le désert, où j'irai après avoir déposé mes enfans. Si, au contraire, vous êtes de bons musulmans, qui ne voulez pas livrer vos enfans aux infidèles, venez tous vers moi, défendons notre pays, la loi du prophète, ou mourons tous ensemble. »

Le 5 octobre, à neuf heures et demie, l'armée se mit en

marche du camp de Merdjez-el-Hammar. La première brigade, commandée par le duc de Nemours, et la deuxième, commandée par le général Trézel, passèrent le même jour le Raz-el-Akba. Le reste suivit le lendemain. Le temps était beau.

La veille, 500 hommes du premier bataillon du soixante et unième régiment d'infanterie de ligne partaient, de Cette pour Bone, à midi et demi, sur le Phare; 500 hommes de ce régiment étaient partis le 5, à sept heures du matin, sur la Chimère, et le reste suivait dans la même journée sur le Tartare.

Enfin l'armée arriva à Sammah. Elle prit position immédiatement à environ deux petites lieues de Constantine, sur les bords du Bou-Merzoug. Le lendemain, de bonne heure, elle couronnait les hauteurs de Stah-el-Mansourah, et un peu plus tard celles de Coudiat-Ati, sans que l'ennemi opposât une résistance sérieuse à sa marche.

Mgr le duc de Nemours avait été chargé du commandement du siége; le général Trézel, avec les deux premières brigades, de l'attaque de Stah-el-Mansourah; et le général Rulhières, avec les deux autres, de celle de Coudiat-Ati. Le genéral Valée reconnut, avec le lieutenant-général Fleury, l'emplacement des batteries à établir sur l'un et l'autre point, et on se mit à l'ouvrage; mais à peine l'armée s'établissait-elle, qu'un temps de pluies et de tempêtes vint l'assaillir. Ce temps dura presque sans interruption jusqu'au 10. Il changea les bivouacs en des mares boueuses, dans lesquelles les chevaux enfonçaient jusqu'au ventre, et où les soldats ne pouvaient trouver aucun repos.

Cependant, après des efforts admirables, l'artillerie parvint à armer trois batteries à Stah-el-Mansourah et à en préparer une à Coudiat-Ati. Le feu contre la place commença le 9 et dura une partie du 10. Les défenses de l'ennemi étant détruites en partie, la batterie de brèche put ouvrir son feu le 11, à 400 mètres de la place, sur le front de Coudiat-Ati,

Alors le général Damrémont adressa aux habitants de Constantine la proclamation suivante :

« Habitants de Constantine,

» Mes canons sont au pied de vos murs ; ils vont être renversés, et mes troupes entreront dans votre ville. Si vous voulez éviter de grands malheurs, soumettez-vous pendant qu'il en est temps encore. Je vous garantis par serment que vos femmes, vos enfants et vos biens seront respectés, et que vous pourrez continuer à vivre paisiblement dans vos maisons. Envoyez des gens de bien pour me parler et pour convenir de toutes choses avant que j'entre dans la ville ; je leur donnerai mon cachet; et ce que j'ai promis, je le tiendrai avec exactitude. »

Le parlementaire revint le lendemain matin sans avoir été maltraité, mais rapportant une réponse injurieuse et qui annonçait de la part des habitants l'intention de s'ensevelir sous les ruines de la place. Le 12, le roi et l'armée firent une grande perte. Le général Damrémont fut tué par un boulet de canon, près de S. A. R. Mgr le duc de Nemours, lorsqu'il se rendait à la batterie de brèche. Le général Valée le remplaça dans le commandement de l'armée.

Le général Perregaux, chef de l'état-major-général, fut frappé d'une balle dans la tête presqu'au même instant. La blessure, quoique grave n'est pas mortelle. Il vivra pour servir encore le roi et la France. Il n'a pas cessé, du reste, de remplir les fonctions de chef d'état-major-général.

Le roi a perdu un serviteur habile et dévoué : le colonel Combes est mort des blessures qu'il avait reçues pendant l'assaut. C'est une perte que le soldat ressent vivement. Toute l'armée avait admiré son courage et son calme sous le feu de l'ennemi, au moment même où il venait d'être frappé à mort.

Le général évalue l'état de nos pertes à 97 morts et 494 blessés, parmi lesquels 15 officiers ont été tués et 38 ont reçu des blessures plus ou moins graves.

Quelques heures après la mort du général Damrémont, un envoyé d'Achmet se présenta à nos avant-postes. Amené devant le général Valée, il lui remit de la part du bey, la lettre suivante.

« De la part du très-puissant notre seigneur et maître El Sidy-el-Hadjy-Akmed-Pacha, à M. le général gouverneur d'Alger, commandant en chef de l'armée.

(Après les compliments d'usage :)

« Nous avons appris que vous aviez envoyé un messager aux habitants de la ville, qui a été retenu par les principaux chefs, de crainte qu'il ne soit tué par la populace, par suite de son ignorance dans les affaires. Les mêmes chefs m'ont fait part de cette nouvelle pour avoir mon avis. Si votre intention est de faire la paix, cessez votre feu ; rétablissez la tranquillité : alors nous traiterons la paix. Attendez vingt-quatre heures, afin qu'un personnage intelligent vous arrive de ma part, et que, par suite de notre traité, nous voyions éteindre cette guerre, d'où il ne peut résulter aucun bien. Ne vous inquiétez pas de votre messager ; il est en sûreté en ville. »

Cette démarche d'Achmet parut au général n'avoir d'autre but que de gagner du temps, dans l'espoir peut-être que les vivres ne tarderaient pas à nous manquer, et que l'armée obligée d'exécuter en présence de l'ennemi une pénible retraite, périrait de faim et de misère, ou offrirait au bey une occasion favorable pour l'attaquer avec succès.

Cette pensée décida le général à répondre au bey que, tout disposé qu'il était à faire avec lui une convention qui mit un terme aux maux de la guerre, il devait exiger, comme préliminaire indispensable de toute négociation, la remise de la place, et qu'en attendant sa réponse, il n'en presserait pas avec moins d'activité la marche de l'attaque. Le parlementaire partit avec la lettre suivante :

« Je vois avec plaisir que vous êtes dans l'intention de faire la paix, et que vous reconnaissez qu'à cet égard nos intérêts sont les mêmes. Mais dans l'état où sont les opérations du siége, elles ne peuvent être suspendues, et aucun traité ne peut être signé par nous que dans Constantine. Si les portes nous sont ouvertes par vos ordres, les conditions seront les mêmes que celles déjà consenties par nous, et nous nous engageons à maintenir dans la ville le bon ordre, à faire respecter les personnes, les propriétés et la religion, et à occuper la ville de manière à rendre le fardeau de la présence de l'armée le moins dur et le plus court possible.

« Mais si nous entrons par la force, nous ne serons plus liés par aucun engagement antérieur, et les malheurs de la guerre ne pourront nous être attribués. Si, comme nous le croyons, votre désir de la paix est le même que le nôtre, et tel que vous l'annoncez, vous sentirez la nécessité d'une réponse immédiate. »

Depuis lors on n'entendit plus parler d'Achmet.

Dans la nuit, les pièces furent transportées à 150 mètres, et le 12 la brèche fut terminée. L'ennemi nous opposa partout une vive résistance; ses batteries tirèrent tant qu'elles purent et avec acharnement.

Des fantassins embusqués sur le rempart ou dans des maisons attenantes à la muraille entretenaient un feu continuel à bonne portée. En même temps, des attaques journalières avaient lieu contre les deux positions de Stab-el-Mansourah et de Coudiat-Ati.

Le général Valée donna les ordres nécessaires pour la formation des colonnes d'assaut qui devaient être sous la direction de M. le duc de Nemours. Les batteries continuèrent à tirer toute la nuit, et au point du jour l'assaut fut donné avec une rare bravoure; les habitants furent successivement débusqués de tous les quartiers de la ville, dans lesquels ils se défendirent long-temps avec une extrême opiniâtreté. Nous eûmes des pertes nombreuses à déplorer. Le chef de bataillon de Sérigny, du 2e léger, mourut sur la brèche, ainsi que le capitaine du génie Haket.

Au nombre des blessés figurent le colonel Lamoricière; les chefs de bataillon Dumas, aide-de-camp du roi; Vieux, du génie; le capitaine Richepanse. Heureusement plusieurs de ces blessures sont légères. Le général déclare que c'est une des actions de guerre les plus remarquables dont il ait été témoin dans sa longue carrière.

Une partie des notables et des autorités de la ville y sont restés. Le général Valée leur a adressé une proclamation pour les inviter à demeurer tranquilles chez eux, et a exigé qu'ils fournissent à la subsistance de l'armée.

S. A. R. le prince de Joinville qui, le 5, avait débarqué de l'*Hercule* à Bone, d'où il était parti le 6 pour aller rejoindre nos troupes, sous l'escorte du colonel du 26e ligne, est arrivé à Constantine le 15, quarante-huit heures après l'action. Il était suivie de 3,000 hommes et d'un convoi de vivres. Le jeune prince a vivement regretté d'être venu trop tard. A sa douleur on voyait qu'il a déjà le courage de son auguste père et de ses deux frères.

Le premier devoir du général Valée, en prenant possession de Constantine, a été de faire procéder au désarmement des habitans, et de faire cesser en même temps le désordre inséparable d'une prise d'assaut. Il a donné au général Rulhières le commandement supérieur de la place. La fermeté de cet officier-général parvint à calmer l'effervescence des soldats.

La tranquillité ne tarda pas à être rétablie dans la ville, et la confiance commença à renaître parmi les habitans. Des défenses furent faites de les troubler dans leurs personnes, leur religion ou leurs propriétés. Il interdit l'entrée des mosquées aux soldats français, et toutes les mesures furent prises pour que les musulmans pussent se livrer aux pratiques de leur culte.

L'artillerie s'occupa avec suite de faire rentrer dans les magasins les armes que les habitans avaient abandonnées de tous les côtés en fuyant. Elle fit le recensement des bouches à feu qui se trouvaient dans la place. On en trouva 59 dans un état plus ou moins bon de conservation. Il prescrivit en même temps de placer sur les remparts des pièces approvisionnées à vingt coups, pour repousser une attaque, que toutefois rien ne pouvait faire craindre.

Le génie commença à fermer la brèche : il s'occupa en même temps de clore toutes les issues, autres que les portes, qui peuvent donner entrée dans la place.

L'intendant de l'armée, aidé des autorités locales que le général avait maintenues dans leurs fonctions, s'occupa de rechercher tous les magasins qui se trouvent dans la place. Il a déjà à sa disposition une grande quantité de blé et de l'orge en quantité suffisante pour les premiers besoins de l'armée. Ce travail ne peut s'exécuter que lentement, parce que la ville nous est complètement inconnue ; mais tout annonce qu'on trouvera des grains en abondance. L'administration a fait faire du pain , et des distributions régulières sont faites à l'armée.

Les recherches n'ont pas été aussi heureuses pour les bestiaux : l'armée est encore nourrie avec la viande venue de Merdjez-el-Hammar ; mais on espère que les Arabes en amèneront bientôt. Le général a fait ouvrir un marché à Bab-el-Oued , et les dispositions dans lesquelles paraissent être les tribus voisines, donnent lieu de croire qu'elles ne tarderont pas à l'approvisionner.

Le bey Achmet, qui avait essayé, comme on l'a vu, d'arrêter par des négociations la marche de l'attaque pendant qu'on battait en brèche, n'a pas cherché à renouer ces négociations depuis que nous occupons Constantine. Les rapports des Arabes sur la position qu'il occupe maintenant varient beaucoup.

Cependant il paraît, d'après ceux qui semblent les plus plausibles, qu'abandonné, dépouillé de ses trésors, il s'est retiré à plusieurs journées de marche de Constantine, pour attendre les événements. Le général a envoyé des émissaires pour connaître exactement la position qu'il occupe.

Le général Valée a adressé au ministre de la guerre la lettre suivante :

«La mort d'un général en chef, tué à la tête de ses troupes, quelques heures avant un assaut meurtrier, est un événement assez rare pour que de grands honneurs doivent être rendus à la mémoire de celui qui en est la victime.

» Je pense que dans l'intérêt de l'armée, et comme un témoignage honorable de sa conduite dans la prise de Constantine, en même temps que pour donner à la famille du général Damrémont la plus grande consolation qu'elle puisse recevoir, le roi pourrait ordonner que son corps fût déposé aux Invalides. Si cette proposition vous paraît convenable, j'ai l'honneur de vous prier de la mettre sous les yeux du roi et d'obtenir son approbation.

» Le corps du général Damrémont est conservé dans un double cercueil, avec toutes les précautions qu'il a été possible de prendre. Il sera transporté à Bone. »

Le vœu du général Valée et de l'armée française est exaucé. Les restes mortels du lieutenant-général comte Damrémont seront déposés à l'hôtel des Invalides. La cérémonie funèbre sera consacrée à la mémoire de tous ceux qui ont succombé avec le général en chef devant Constantine.

Né à Chaumont, département de la Haute-Marne, le 8 février 1783, Charles-Marie comte Denis de Damrémont fut admis à l'école militaire de Fontainebleau le 16 mai 1803.

En 1804, après avoir passé par les grades inférieurs, il sortit de cette école pour entrer en qualité de sous-lieutenant dans le 12e régiment de chasseurs à cheval. Nommé en 1807 lieutenant-aide-de-camp du général Defrance, il passa avec le même grade auprès du général Marmont, et, par ses services, s'éleva jusqu'au grade de colonel, qui lui fut conféré en 1813.

Il avait fait les campagnes de 1806 et 1809 à la Grande-Armée et en Dalmatie, celles de 1811 et 1812 en Espagne et en Portugal, et enfin celles de 1813 et 1814 à la Grande-Armée. Resté sous les ordres de M. le duc de Raguse quand vint la restauration, il ne tarda pas à être placé à la tête de la légion de la Côte-d'Or.

Promu, le 25 avril 1821, au grade de maréchal-de-camp, il fut, en 1823, appelé en cette qualité à un commandement dans le 5ᵉ corps de l'armée d'Espagne; depuis 1825 jusqu'en 1826, il fut successivement employé comme inspecteur d'infanterie, membre d'une commission de révision de manœuvres de la même arme, et fut attaché à une ambassade extraordinaire en Russie.

En 1830, il fit partie de l'expédition d'Afrique, où il commandait une brigade d'infanterie, et fut ainsi l'un des premiers à prendre possession de cette terre où il devait trouver la mort.

Le 13 décembre de la même année, il fut élevé au grade de lieutenant-général.

Après sa rentrée en France, il fut, le 6 février 1832, appelé à prendre le commandement de la 8ᵉ division militaire, et le 12 février 1837, nommé gouverneur-général des possessions françaises dans le nord de l'Afrique.

Le général Damrémont était grand-officier de la Légion-d'Honneur depuis 1827, et le 15 septembre 1835 il avait été fait pair.

Il laisse une veuve et deux enfants, dont un fils âgé de quinze ans. Il avait épousé la fille du général Baraguay-d'Hilliers, dont le fils commande l'école de Saint-Cyr.

Le roi a nommé le lieutenant-général Valée gouverneur-général par intérim des possessions françaises dans le nord de l'Afrique.

Le *Te Deum* ordonné pour la prise de Constantine a été chanté dans l'église métropolitaine de Paris. Le conseil des ministres, le corps diplomatique, les cours supérieures et les tribunaux, l'état-major de la division et de la place, le corps municipal, l'Institut et les chefs des diverses administrations assistaient à cette cérémonie. La nef, les côtés et les galeries hautes étaient remplies de militaires. Monseigneur l'archevêque de Paris, assisté d'un clergé nombreux, a entonné le *Te Deum*.

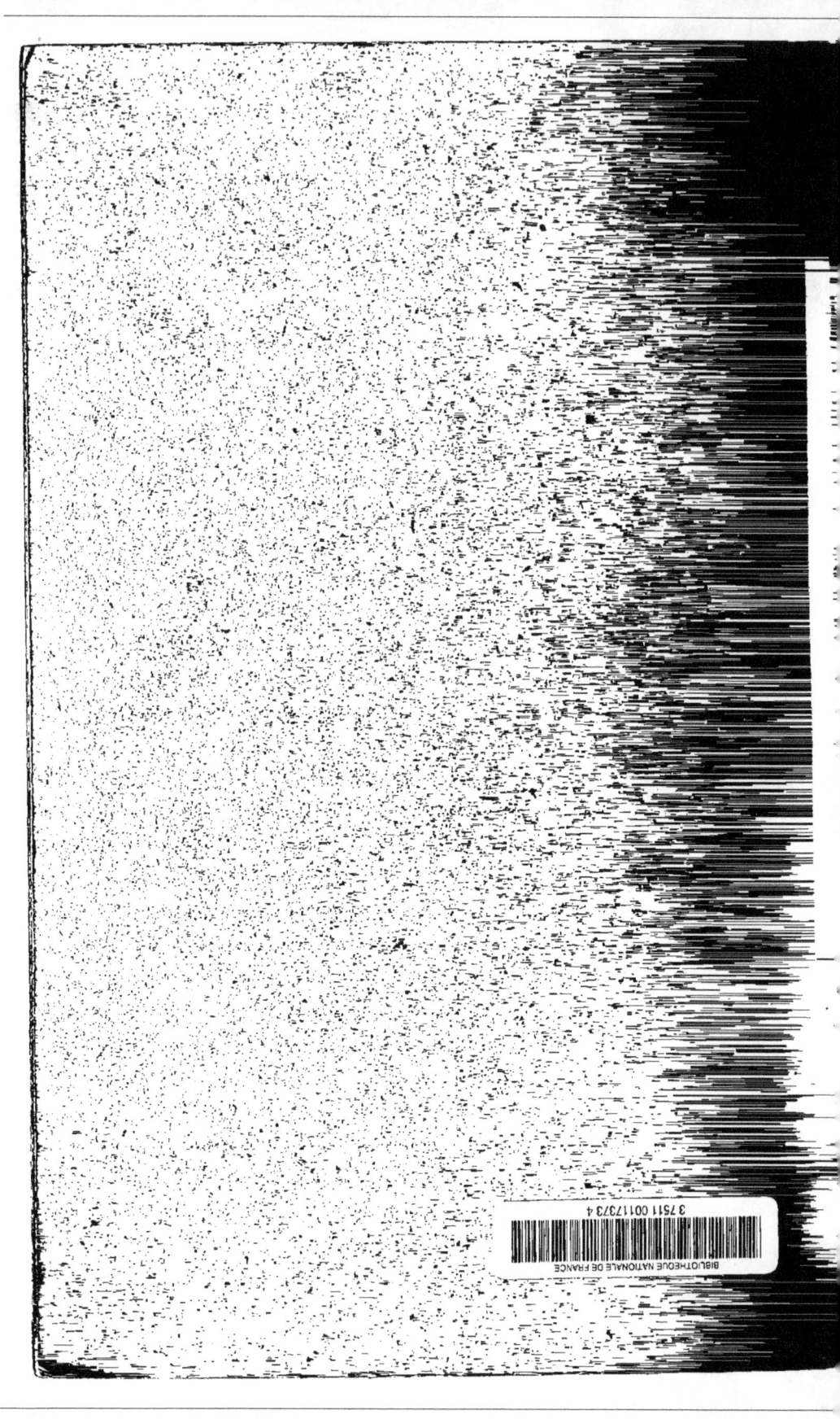